A1.1

DÉBUTANT COMPLET

Maïa Grégoire

GRAMMAIRE PROGRESSIVE DU FRANÇAIS
CORRIGÉS

2ᵉ édition
avec 200 exercices

www.cle-international.com

Ce livret s'adresse principalement aux **étudiants** qui travaillent seuls et désirent consulter les **corrigés des exercices** ainsi que quelques **suggestions** pour les questions ouvertes. Afin de faciliter l'assimilation des structures, le contexte des exercices et les dialogues sont souvent reproduits intégralement, ce qui confère une certaine autonomie à l'ouvrage.
Pour les **enseignants** qui utilisent la *Grammaire progressive du français* (débutant complet) comme support de leur cours, des encadrés indiquent comment **exploiter** au mieux les **illustrations** et les dialogues.

Crédits photographiques :

1. makar/Fotolia – 2. carlosgardel/Fotolia – 3. Vadim Gnidash/Fotolia – 4. asmakar/Fotolia – 5. Sylwia Nowik/Fotolia.

Direction éditoriale : Béatrice Rego
Édition : Christine Grall
Couverture : Miz'enpage
Mise en page : Arts Graphiques Drouais (28100 Dreux)

© CLE International, 2019
ISBN : 978-209-038452-9

Alphabet français

A	B	C	D	E	F	G	H	I	J	K	L	M
a	bé	cé	dé	e	effe	gé	ache	i	ji	ka	elle	emme
/a/	/be/	/se/	/de/	/ə/	/ɛf/	/ʒe/	/aʃ/	/i/	/ʒi/	/ka/	/ɛl/	/ɛm/

N	O	P	Q	R	S	T	U	V	W	X	Y	Z
enne	o	pé	ku	erre	esse	té	u	vé	double vé	icse	i grec	zède
/ɛn/	/o/	/pe/	/ky/	/ɛr/	/ɛs/	/te/	/y/	/ve/	/dublə ve/	/iks/	/igrɛk/	/zɛd/

Expressions utiles

❶
- Bonjour, madame !
- Bonjour, monsieur.
- Comment ça va ?
- Ça va bien. Merci. Et vous ?

❷
- Allô ? Monsieur Brunel, s'il vous plaît.
- C'est moi. Bonjour.

Exercices – page 9

1 1. *Je m'appelle Marc Delon.*　2. Je m'appelle John Dixon.　3. Je m'appelle Igor Bronsky.
Je suis français.　　　　　　 **Je suis américain.**　　　　　　**Je suis russe.**
Je suis journaliste.　　　　　　**Je suis médecin.**　　　　　　　**Je suis dentiste.**

2 1. *Bonjour !*　　　　　　　　2. **Bonjour !**
Je m'appelle Max.　　　　　　**Je m'appelle** Lola.
Je suis français.　　　　　　　**Je suis** française.
Je suis étudiant.　　　　　　　**Je suis** étudiante.

3 Bonjour, je m'appelle Bao Cheng.　　　Bonjour, je m'appelle Fan Lin.
Je suis chinois. Je suis étudiant.　　　　Je suis chinoise. Je suis étudiante.

Exercices – page 11

1 À la cafétéria
– Bonjour, je m'appelle John.
– Enchantée, John. *Vous êtes* anglais ?
– Non, je **suis** américain.
– Vous **êtes** en vacances ?
– Oui, **je suis** en vacances. Et vous ?
– Moi aussi !

2 1. – **Vous êtes** américain?　　　– Non, **je suis** anglais.
2. – **Vous êtes** marié ?　　　　　– Oui, **je suis** marié.
3. – **Vous êtes** fatigué ?　　　　 – Non, **je suis** en forme.
4. – **Vous êtes** en vacances ?　　– Oui, **je suis** en vacances.

3 1. – *Est-ce que vous êtes américain ?*　2. – **Est-ce que vous êtes marié ?**
3. – **Est-ce que vous êtes fatigué ?**　　4. – **Est-ce que vous êtes en vacances ?**

4 1. – *Vous êtes français ?*　2. – Vous êtes américain ?　3. – Vous êtes japonais ?
– *Oui, je suis* français.　　– **Oui, je suis** américain.　　– **Oui, je suis** japonais.
– *Vous êtes de* Paris ?　　– **Vous êtes de** New York ?　– **Vous êtes de** Tokyo ?
– *Non, je suis de* Bordeaux.　– **Non, je suis de** Chicago.　– **Non, je suis d'**Osaka.

Exercices – page 13

1 *Je m'appelle Max. Je suis français. Je parle français et je parle un peu anglais.*
Je m'appelle Bao. **Je suis** chinois. **Je parle** chinois et **je parle un peu** français.

2 – J'habite à Paris. Et vous ? – *Moi aussi, j'habite à Paris.*
– J'habite rue Lepic. Et vous ? – **Moi aussi, j'habite rue Lepic.**
– J'habite au numéro 5. Et vous ? – **Moi aussi, j'habite au numéro 5.**
– J'habite au 2ᵉ étage. Et vous ? – **Moi aussi, j'habite au 2ᵉ étage.**

3 *Je suis français.*   *Je suis chinois.*   **Je suis japonais.**   Je suis norvégien.
Je suis de Bordeaux.   **Je suis de Pékin.**   **Je suis d'Osaka.**   Je suis d'Oslo.
J'habite à Paris.   **J'habite à Shanghai.**   **J'habite à Tokyo.**   J'habite à Londres.

Pour pratiquer « je parle » (p. 9)
1. Je m'appelle Marc Delon.
   Je parle français.
2. Je m'appelle John Dixon.
   Je parle anglais.
3. Je m'appelle Igor Bronsky.
   Je parle russe.

Pour pratiquer « j'habite » (p. 12, 13)
– J'habite à Rome. Et vous ?
– J'habite à Berlin.
– J'habite dans le centre. Et vous ?
– J'habite en banlieue.
– J'habite au 3ᵉ étage. Et vous ?
– J'habite au 5ᵉ étage.

Informations utiles : nombres ordinaux				
1ᵉʳ : premier /prømje/	2ᵉ : deuxième /døzjɛm/	3ᵉ : troisième /trwazjɛm/	3ᵉ : quatrième /katrijɛm/	5ᵉ : cinquième /sɛ̃kjɛm/
6ᵉ : sixième /sizjɛm/	7ᵉ : septième /sɛtjɛm/	8ᵉ : huitième /ɥitjɛm/	9ᵉ : neuvième /nœvjɛm/	10ᵉ : dixième /dizjɛm/

Exercices – page 15

1 1. *Il est grand.* **Elle est grande.** 2. **Il est** petit. **Elle est petite.** 3. Il est blond. **Elle est blonde.** 4. Il est brun. **Elle est brune.**

2 1. *Il est français. Elle est anglaise.* 2. Il est américain. **Elle est russe.** 3. Il est anglais. **Elle est chinoise.**

3 Le prof de français
– Il est comment le prof de français ?
– Il est formidable. Regarde la photo !
– Il est jeune !
– Oui, il est jeune et il est très sympa.
– Il est célibataire ?
– Non, il est marié.

La prof de français.
– Elle est comment la prof de français ?
– **Elle est formidable. Regarde la photo !**
– **Elle est jeune !**
– **Oui, elle est jeune et elle est très sympa.**
– **Elle est célibataire ?**
– **Non, elle est mariée.**

Exercices – page 17

1 1. *Il est* italien. 2. *Elle est italienne.* 3. *Il est* musicien. 4. **Elle est musicienne.**
5. **Il est** beau. 6. **Elle est belle.** 7. **Il est** vieux. 8. **Elle est vieille.**

2 Mon fiancé
Il est étudiant. **Il est brésilien. Il est beau. Il est jeune. Il est sympathique. Il est gentil.**

3 Je suis un homme :   Je suis une femme :

Je suis petit.   Je suis petite.
Je suis châtain.   Je suis châtain.
Je suis marié.   Je suis mariée.
Je suis végétarien.   Je suis végétarienne.

Je suis un homme :   Je suis une femme :

Je suis de taille moyenne.   Je suis de taille moyenne.
Je suis brun.   Je suis brune.
Je suis célibataire.   Je suis célibataire.
Je ne suis pas végétarien.   Je ne suis pas végétarienne.

Pour pratiquer le masculin et le féminin des adjectifs (p. 17, 22)
– *Monica Bellucci est française ou italienne ? – Elle est italienne.*
– *Elle est blonde ou brune ? – Elle est brune.*
– *Elle est professeure de français? – Non, elle est actrice.*
– *Elle est belle ? – Oui, elle est très belle.*

– *Marion Dulac est française ou italienne ? – Elle est américaine.*
– *Elle est blonde ou brune ? – Elle est blonde.*
– *Elle est célibataire ? – Non, elle est mariée.*
– *Son mari est blond? – Non, il est brun.*

Informations utiles : professions

professeur/professeure	acteur/actrice	chanteur/chanteuse	serveur/ serveuse
/profesœr /profesœr/	/aktœr /aktris/	/ʃɑ̃tœr /ʃɑ̃tøz/	/sɛrvœr /sɛrvøz/

Exercices – page 19

1 *Il est grand. Il est brun. Il est mince. Il est sympathique.*
Ils sont grands. **Ils sont bruns. Ils sont minces. Ils sont sympathiques.**
Elles sont grandes. **Elles sont brunes. Elles sont minces. Elles sont sympathiques.**

2
1. Roméo et Juliette : *ils sont italiens.*
2. Laurel et Hardy : **ils sont américains.**
3. Tintin et Milou : **ils sont belges.**
4. Astérix et Obélix : **ils sont français.**
5. Les Beatles : **ils sont anglais.**
6. Bach et Wagner : **ils sont allemands.**

3 Au « Bistrot de Paris »

Lucien et Joseph sont serveurs au « Bistrot de Paris ». Ils sont très sympathiques. Ils sont vieux, mais ils sont en forme. Ils sont rapides. Ils sont efficaces. Ils sont drôles et ils sont bavards. Ils sont typiquement français.

Pour pratiquer le singulier et le pluriel des adjectifs
– Monica Bellucci et Nanni Moretti sont français? – Non, ils sont italiens.
– Ils sont blonds ou bruns? – Ils sont bruns.
– Ils sont acteurs ou chanteurs? – Ils sont acteurs.
– Ils sont mariés ou célibataires? – Ils sont mariés.

Exercices – page 21

1 1. – Vous *êtes* français ? – Non je **suis** belge. – Vous **êtes** de Bruxelles ? – Non, je **suis** de Liège.
2. – Tu **es** français ? – Oui, je **suis** français. – Tu **es** de Paris ? – Non, je **suis** de Lyon.
3. – Vous **êtes** en vacances, les enfants ? – Oui, nous **sommes** en vacances, Youpi !
4. – Allô ? **Vous** êtes où ? – **Je** suis à la gare. – Max **est** avec vous ? – Oui, **il** est avec moi.

2 En voyage

– Allô, Paul ? Tu *es* à Paris ?
– Non, je **suis** à Cannes avec Marie.
– Vous **êtes** en vacances ?
– Non, nous **sommes** en voyage d'affaires.
– Les enfants **sont** avec vous ?
– Non, ils **sont** à Paris avec leur grand-mère.

– Paul est à Cannes ou à Paris ?
– **Il est à Cannes.**
– Il est à Cannes avec qui ?
– **Il est à Cannes avec Marie**
– Paul et Marie sont en vacances ?
– **Non, ils sont en voyage d'affaires.**
– Où sont les enfants ?
– **Ils sont à Paris avec leur grand-mère.**

3 1. – Paul est au bureau, lundi ?   – *Non, il n'est pas au bureau, il est en voyage.*
2. – Il est en voyage, mercredi ?   – **Non, il n'est pas en voyage, il est au bureau.**
3. – Il est au bureau, jeudi ?   – **Non, il n'est pas au bureau, il est en vacances.**
4. – Il est au bureau, mardi ?   – **Non, il n'est pas au bureau, il est en voyage.**

4
Je suis chinois.
Je suis célibataire.
Je suis bilingue.

Je ne suis pas français.
Je ne suis pas marié.
Je ne suis pas végétarien.

Pour pratiquer le verbe « être » et la négation (image p. 10)
– Le chauffeur de taxi est français ? – Non, il n'est pas français. Il est anglais (à mon avis).
– Il est jeune ? – Non, il n'est pas très jeune. (Il a entre 50 et 60 ans, à mon avis).
– Le passager est photographe ? – Non, il n'est pas photographe. Il est journaliste.
– Les deux hommes sont à Paris, actuellement ? – Non, ils ne sont pas à Paris. Ils sont à Londres (le taxi noir est typiquement anglais).

Exercices – page 23

1
1. – *Qui est-ce ?* – *C'est Max Delon.* – *Et à côté, qui est-ce ?* – *C'est Bao Cheng.*
2. – **Qui est-ce ?** – **C'est Jules Picard.** – **Et à côté, qui est-ce ?** – **C'est Marina Santos.**
3. – **Qui est-ce ?** – **C'est Marthe Picard.** – **Et à côté, qui est-ce ?** – **C'est Paul Picard.**

2
1. – *Qui est-ce ?* – *C'est un ami.* – *Comment il s'appelle ?* – *Il s'appelle Max. Il est français.*
2. – **Qui est-ce ?** – **C'est une amie.** – **Comment elle s'appelle ?** – **Elle s'appelle Li. Elle est chinoise.**
3. – **Qui est-ce ?** – **C'est un acteur.** – **Comment il s'appelle ?** – **Il s'appelle Jack. Il est américain.**

3 Photos de famille
1. – *Qui est-ce ?* – *C'est* ma cousine. – **Elle** est jolie ! **Comment elle** s'appelle ?
   – **Elle** s'appelle Lola.
2. – Qui est-ce ? – **C'est** mon cousin. – **Il est** sympa ! **Comment il** s'appelle ?
   – **Il s'appelle** Antoine.
3. – Qui est-ce ? – C'est ma tante. – Elle est jolie ! Comment elle s'appelle ? – Elle s'appelle Julie.

> **Pour pratiquer « Qui est-ce ? » et la description (images p. 14, 17, 19)**
> – Qui est-ce ? – C'est Léo. Il est étudiant. Il est français. Il est grand. Il est blond.
> – Qui est-ce ? – C'est Monica Belluci. Elle est actrice. Elle est brune. elle est belle.
> – Qui est-ce ? – C'est Joseph. Il est serveur. Il est français. Il est sympathique.

Exercices – page 25

1 À l'université
– Bonjour je m'appelle Paul. Et ⟨toi⟩ ? – ⟨Moi⟩, c'est Olga. – Tu es russe ? – Oui et ⟨toi⟩ ?
– ⟨Moi⟩, je suis américain. – Ton prof, c'est qui ? – Jules Picard. Regarde, c'est ⟨lui⟩ là-bas.

2
1. – Allô, Monsieur Ravel, s'il vous plaît ? – *C'est moi.* Bonjour.
2. – C'est Paul, sur la photo ? – Oui, **c'est lui** !
3. – La fille blonde, c'est Olga ? – Oui, **c'est elle** !
4. – Vous êtes Peter Becker ? – Non, Peter, **c'est lui**, là-bas !
5. – Allô ? C'est Paul ? – Oui, **c'est moi** !
6. – C'est Jean Dulac, à la télévision ? – Oui, **c'est lui** !

3
1. – J'habite à Paris. Vous aussi ? – Non, *moi*, j'habite à Lyon. 2. – Je suis de Rio. Et vous ?
– **Moi, je** suis de Belem. 3. – Olga est russe. Paul aussi ? – Non, **lui, il** est américain.
4. – Je suis fatiguée, mais **toi, tu** es en forme ! 5. Paul parle anglais. Et Olga ? – **Elle, elle** parle russe. 6. Je suis mariée. Et **toi,** Bao, **tu** es célibataire ?

4
1. *Moi, je* suis français. **2. Toi, tu** es russe. **3. Moi, je** suis professeur. **4. Toi, tu** es étudiant. **5. Lui, il** est chinois. **6. Elle, elle** est chinoise.

5 1. – *Moi aussi, je suis étudiant(e).* 2. – *Moi non plus, je n'habite pas en France.* 3. – *Moi aussi, je suis dans la classe d'Olga.* 4. – *Moi aussi, je suis fatiguée, aujourd'hui.* 5. – *Moi non plus, je ne parle pas bien français.* 6. – *Moi non plus, je ne suis pas en vacances.*

Exercices – page 27

1 Commentaires
– S'il vous plaît, madame, un commentaire sur la fontaine ? – C'est magnifique. C'est original. C'est gai. C'est très beau ! – Et vous, monsieur ? – C'est horrible. – Et vous, les enfants ? – C'est rigolo, c'est génial !

2 1. C'est beau. 2. C'est facile. 3. C'est cher. 4. C'est difficile.

3 1. La tour Eiffel : *c'est beau* ! 2. Les hôtels ***** : **c'est cher** ! 3. Les glaces : **c'est bon** ! 4. La grammaire française : **c'est difficile** !

4 1. Les gâteaux, *c'est bon*. 2. Voyager, *c'est bien*. 3. Les glaces, **c'est bon**. 4. Le cours de français, **c'est bien**. 5. Le soleil, **c'est bon**. 6. Un bain chaud, **c'est bon**. 7. Wikipédia, **c'est bien**. 8. Le chocolat, **c'est bon**.

Pour pratiquer le commentaire : imaginez des dialogues.

– Comment vous appelez-vous ?
– Je m'appelle Lilian.
– Lilian, c'est joli !
– Merci.

– Comment vous appelez-vous ?
– Je m'appelle Ulysse.
– Ulysse ? C'est original !
– En France, oui, mais en Grèce, non…

Exercices – Page 29

1 Masculin : *un* homme, *un* garçon, un ordinateur, un livre, un stylo
(+ un sac, un avion, un téléphone, un croissant, un pain au chocolat, un sandwich…)

Féminin : *une* femme, *une* fille, une maison, une voiture, une télévision, une table, une chaise (+ une valise, une bière, une baguette, une brioche, une pizza…)

2 À la boulangerie

– *Bonjour, madame.*	– Bonjour, madame	– Bonjour, madame
Je voudrais un croissant, s'il vous plaît.	Je voudrais un pain, au chocolat, s'il vous plaît.	– Je voudrais un sandwich, s'il vous plaît.
– *Et avec ça ?*	– Et avec ça ?	– Et avec ça ?
– *Une brioche.*	– Une baguette.	– Une pizza.
– *C'est tout ?*	– C'est tout ?	– C'est tout ?
– *Oui, merci.*	– Oui, merci.	– Oui, merci.
– *Au revoir, madame.*	– Au revoir, madame.	– Au revoir, madame.

Exercices – page 31

1 *des hommes* **des femmes** des voitures **des maisons.**

2
un livre	**un stylo**	une clé	**un billet**	une pièce
des livres	**des stylos**	des clés	**des billets**	des pièces

3 Dans le sac il y a :
un portefeuille, **des billets, des clés, un livre**, *des mouchoirs, un téléphone*, **des pièces**, *un crayon, un passeport*, **un stylo**, *des lunettes*

Exercices – page 33

1 1. – *Qu'est-ce que c'est ? – C'est un livre.* **2. – Qu'est-ce que c'est ? – C'est une table.**
3. – *Qu'est-ce que c'est ? – C'est une chaise.* **4. – Qu'est-ce que c'est ? – C'est un stylo.**

2 1. – *Qu'est-ce que c'est ? – C'est une soupe à l'oignon.* **– C'est bon ? – Oui, c'est très bon !**
2. – *Qu'est-ce que c'est ? – C'est un gâteau au chocolat.* **– C'est bon ? – Oui, c'est très bon !**
3. – *Qu'est-ce que c'est ? – C'est une tarte aux cerises.* **– C'est bon ? Oui, c'est très bon !**

3 1.– *C'est un livre de grammaire ? – Non, ce n'est pas un livre de grammaire, c'est un livre de mathématiques.* **2. – C'est un plan de Londres ? – Non ce n'est pas un plan de Londres, c'est un plan de Paris.** 3. – *C'est un ticket de parking ?* **– Non ce n'est pas un ticket de parking, c'est un ticket de cinéma.**

Exercices – page 35

1 Portefeuille perdu
– Qu'est-ce que c'est ? – C'est **un** portefeuille avec **un** passeport et **des** billets.
– Regardez **le** nom sur **le** passeport. – Ah voilà : c'est **le** portefeuille, **le** passeport et **les** billets de Jane Smith.

2 1. – *Qu'est-ce que c'est ? – C'est une valise. C'est la valise de Léo.*
2. – Qu'est-ce que c'est ? – C'est un passeport. C'est le passeport de Léo.
– Qu'est-ce que c'est ? – Ce sont des clés. Ce sont les clés de Léo.

3 1. – *Pardon, madame. Je cherche un café. – Vous avez le Café Rouge, un peu plus loin, dans la rue Ferry.* **2. – Pardon, madame. Je cherche une boulangerie. – Vous avez la boulangerie Renaud, un peu plus loin, dans la rue Ferry.** 3. – *Pardon, madame. Je cherche un hôtel.* **– Vous avez l'hôtel Saint-Martin, un peu plus loin, dans la rue Ferry.**

Pour pratiquer « C'est » / « Ce sont » (images p. 35 ex 3)
1. C'est un café. C'est un serveur. C'est une terrasse. C'est un parasol.
   Ce sont des clients. Ce sont des tables. Ce sont des chaises.
2. C'est une boulangerie. C'est une vitrine. C'est une porte.
   Ce sont des pains. Ce sont des baguettes. Ce sont des fleurs.
3. C'est un hôtel. C'est un lampadaire.
   Ce sont des plantes. Ce sont des fenêtres. Ce sont des rideaux.

Exercices – page 36

1
1. – **Le** musée Monet, **s'il vous plaît**... – Prenez le boulevard Voltaire, puis tournez à droite, dans la rue Zola, et après c'est tout droit.
2. – **Le** jardin botanique, **s'il vous plaît**. – Prenez **le boulevard Voltaire, puis tournez à gauche dans la rue Ferry, et après c'est tout droit.**
3. – **La** gare centrale, **s'il vous plaît**. – Prenez le boulevard Voltaire, tournez à droite dans la rue Ferry, puis tournez à gauche dans la rue Danton et après c'est tout droit.
4. – **L'**hôtel Saint-Martin, **s'il vous plaît**. – Prenez le boulevard Voltaire, tournez à droite dans la rue Ferry, et après, c'est tout droit.

> **Pour pratiquer la direction et les articles définis (image p. 36)**
> – L'église Saint-André, s'il vous plaît.
> – Prenez le boulevard Voltaire, tournez à droite dans la rue Zola (c'est la première à droite), puis prenez la rue Colette (c'est la deuxième à gauche) et ensuite, c'est tout droit.

Exercices – page 37

1
1. – Pardon, madame, est-ce que c'est *le* pont des Arts ? – Non, c'est **le** Pont-Neuf. **Le** pont des Arts, c'est plus loin, à droite. 2. – Pardon, monsieur, je cherche **la** place de la Sorbonne. – C'est tout droit. Juste après **la** pharmacie. 3. – Pardon, monsieur, **l'**hôtel Saint-Martin, s'il vous plaît. – Prenez la rue Danton, tournez à gauche dans **la** rue Cuvier, puis c'est tout droit.

2
– Pardon, madame, je cherche le métro. Regardez, c'est ici. – Merci. – Je vous en prie.
– **Pardon, madame, je cherche la gare. Regardez, c'est ici. – Merci. – Je vous en prie.**
– **Pardon, madame, je cherche la sortie. Regardez, c'est ici. – Merci. – Je vous en prie.**
– **Pardon, madame, je cherche les toilettes. Regardez, c'est ici. – Merci. – Je vous en prie.**

3
À l'hôtel.
– Bonjour, madame. Je voudrais **une** chambre pour **une** nuit. – Pour deux personnes ?
– Non, seulement pour **une** personne. – C'est **la** chambre 12. Voilà **la** clé et ça, c'est **le** code de l'hôtel pour Internet. L'ascenseur est à droite. **Le** restaurant est à gauche. – Merci, madame.

Exercices – page 39

1
1. *Je parle* français. 2. **Je mange** une pomme. 3. **Je regarde** la télévision. 4. **J'écoute** la radio. 5. **Je travaille** dans une banque. 6. **Je joue** au tennis. 7. **J'étudie** l'anglais. 8. **Je photocopie** des documents.

2
Les activités de Paul.
J'habite à Paris. **Je travaille** dans une entreprise française. **Je parle** anglais et français au bureau. **J'étudie** le français avec un professeur. À midi, **je mange** un sandwich. Le soir, **je regarde** la télévision. Le samedi, **je joue** au tennis.

> J'habite à Moscou. Je travaille dans une banque. Je parle russe au bureau. J'étudie l'anglais seul, sur Internet. À midi, je mange à la cantine avec des collègues. Le soir, je regarde des séries sur mon ordinateur. Le samedi, je joue au football.

3 1. *Je parle* anglais. **2. Je mange** un sandwich. **3. Je regarde** un film. **4. J'écoute** un CD. **5. J'étudie** la grammaire.

Exercices – page 41

1 1. – *Vous habitez* dans une maison ou dans un appartement ? – *J'habite dans un appartement.* **2. – Vous travaillez** dans le centre ou en banlieue ? – **Je travaille en banlieue. 3. – Vous mangez** à la cantine ou au restaurant ? – **Je mange au restaurant. 4. – Vous parlez** français ou anglais, au bureau ? – **Je parle anglais. 5. Vous étudiez** l'anglais ou le français à l'école ? – **J'étudie le français.**

2 1. *J'habite* à Paris. Et vous, *vous habitez à Paris ?* – **2. Je mange** à la cantine. Et vous, **vous mangez à la cantine ?** – **3. Je travaille** dans le centre. Et vous, **vous travaillez dans le centre ?** – **4. Je commence** à 8 h. Et vous, **vous commencez à 8 h ?** – **5. Je termine** à 18 h. Et vous, **vous terminez à 18 h ?**

3 1. *Je mange un sandwich.* – **2. Je regarde un match.** – **3. J'écoute un CD.** – **4. Je photocopie des documents.**

Exercices – page 43

1 **1. Alex travaille dans un restaurant. 2. Il travaille le soir. 3. Il commence à 18 h. 4. Il mange avant son service. 5. Il termine à minuit.**

2 1. *Ils parlent* (français). **2. Ils dansent** (le rock). **3. Ils marchent** (dans la rue). **4. Ils travaillent** (dans un bureau).

3 1. Le matin, j'*étudie le français.* Le matin, nous *étudions le français.* **2.** À midi, **je mange au restaurant.** À midi, nous **mangeons au restaurant. 3.** L'après-midi, je **joue au tennis.** L'après-midi, nous **jouons au tennis. 4.** Le soir, **je regarde la télévision.** Le soir, nous **regardons la télévision.**

Pour pratiquer la conjugaison des verbes en « -er » au présent (images p. 99 ex 3)

Des amis mangent au restaurant. L'homme, à gauche, mange des spaghettis. La femme à côté de lui mange un steak. L'homme au fond appelle le serveur. Il demande du sel.

La jeune fille porte un pull rayé. Elle téléphone à sa mère. Sa mère habite dans une autre ville. Elle travaille dans une agence de voyages.

Monsieur et madame Duval regardent la télé dans leur salon. Ils adorent les séries télévisées. Quelquefois ils dînent devant la télé.

Vous jouez au tennis le samedi matin avec votre ami Paul. Après, vous déjeunez ensemble. Vous mangez souvent une pizza « Chez Mario ».

Nous étudions le français à l'université. Nous travaillons avec Jules Picard. Il est très sympathique. En classe, nous parlons beaucoup de la France et des Français. Nous écoutons des dialogues. Nous chantons des chansons. Nous étudions la grammaire.

Exercices – page 45

1 1. – *Non, je ne fume pas.* 2. – **Non, je ne danse pas le rock.** 3. – **Non, je ne joue pas au tennis.** 4. – **Non, je ne mange pas à la cantine.** 5. – **Non, je n'étudie pas l'anglais.**

2 Paul : *Il travaille à Paris. Il n'habite pas dans le centre.* **Il étudie l'anglais. Il ne joue pas au tennis. Il fume. Il ne joue pas au poker. Il danse le tango.**

Jo : Il ne travaille pas à Paris. Il habite dans le centre. Il n'étudie pas l'anglais. Il joue au tennis. Il ne fume pas. Il joue au poker. Il ne danse pas le tango.

Pour pratiquer la négation (image p. 40)
– Il parle chinois ? – Non, il ne parle pas chinois.
– Il habite Londres ? – Non, il n'habite pas à Londres.
– Il travaille dans une banque ? – Non, il ne travaille pas dans une banque.

Exercices – page 47

1 1. – *Vous aimez* le sport ? – Oui, **j'aime beaucoup** le sport. – Vous aimez quel genre de sport ? – **J'aime le jogging** et le **tennis.** 2. – **Vous aimez les** fruits ? – Oui, **j'aime beaucoup les fruits.** – **Vous aimez** quel genre de fruit ? – **J'aime les pommes et les oranges.**

2 *J'aime le vin. Je n'aime pas la bière.* **J'aime le soleil. Je n'aime pas la pluie. J'aime le café. Je n'aime pas le thé. J'aime les papillons. Je n'aime pas les moustiques. J'aime danser. Je n'aime pas jouer au poker.**

Exercices – page 49

1 1. – *J'ai un ordinateur et vous ?* – *J'ai une tablette.* 2. – **J'ai une voiture, et vous ?** – **J'ai un vélo.** 3. – **J'ai un chien, et vous ?** – **J'ai un chat.** 4. – **J'ai un passeport, et vous ?** – **J'ai une carte d'identité.**

2 1. – *Vous avez un passeport ?* – *Oui j'ai un passeport et j'ai aussi une carte d'identité.* 2. – **Vous avez un ordinateur ?** – **Oui, j'ai un ordinateur et j'ai aussi une tablette.** 3. – **Vous avez une voiture ?** – **Oui j'ai voiture et j'ai aussi un vélo.** 4. – **Vous avez un chien ?** – **Oui, j'ai un chien et j'ai aussi un chat.**

3 J'ai un appartement (avec un séjour, une chambre, une cuisine et une salle de bains. **J'ai une télévision** (avec un écran plat). **J'ai un passeport** (français, chinois, russe…). **J'ai une voiture** (rouge, noire, blanche). **J'ai un chat** (noir et blanc). **J'ai une tablette** (tactile).

Exercices – page 51

1 1. *J'ai mal à la tête.* 2. **J'ai mal à la gorge.** 3. **J'ai mal au bras.** 4. **J'ai mal au dos.** 5. **J'ai mal à la jambe.** 6. **J'ai mal aux yeux.** 7. **J'ai mal aux dents.** 8. **J'ai mal à la main.** 9. **J'ai mal au genou.** 10. **J'ai mal au pied.**

② *Elle a mal à la gorge. Elle est chez le médecin.* 2. Elle a mal au dos. Elle est chez le kiné. 3. Elle a mal aux yeux. Elle est chez l'ophtalmo. 4. Elle a mal aux dents. Elle est chez le dentiste.

③ 1. – *Il a soif ! Et vous, vous avez soif ? – Oh oui, moi aussi j'ai soif !* **2.** *– Il a faim !* **Et vous, vous avez faim ? – Oh oui ! Moi aussi j'ai faim !** 3. *– Il a sommeil !* **Et vous, vous avez sommeil ? – Oh oui, moi aussi j'ai sommeil !** 4. *– Il a froid !* **Et vous, vous avez froid ? – Oh oui, moi aussi j'ai froid !**

Exercices – page 53

① **La famille Duval**
Je m'appelle Pierre Duval. J*'ai* 40 ans. Ma femme Jeanne **a** 38 ans. Nous **avons** deux enfants. Le garçon s'appelle Charles. Il **a** dix ans. La fille s'appelle Emilie. Elle **a** six ans. Nous **avons** une grande maison avec un grand jardin et une petite piscine. Nous **avons** un chien, Tom et un chat, Felix. Nous **avons** une voiture. Les enfants **ont** un vélo.

1. *– Il a 40 ans.* 2. – Elle a 38 ans. 3. – Oui, ils ont deux enfants. 4. – Il a dix ans. 5. – Elle a six ans. 6. – Oui, ils ont une grande maison. 7. – Oui, ils ont un chien et un chat. 8. – Oui, ils ont un grand jardin. 9. – Oui, ils ont une voiture. 10. – Oui, ils ont **une petite piscine**.

② 1. – *Vous avez faim ? – Non, je n'ai pas faim, j'ai sommeil !* 2. – **Vous avez soif ? – Non, je n'ai pas soif, j'ai faim!** 3. – **Vous avez sommeil ? – Non, je n'ai pas sommeil, j'ai froid !**

③ Il *a cinquante ans.* 2. Elle a cinquante ans. 3. Il a quarante ans. 4. J'ai vingt ans.

Exercices – page 55

① *Je m'appelle Lola. Mon frère s'appelle Nicolas.* **Ma sœur s'appelle Fanny. Mon père s'appelle Laurent. Ma mère s'appelle Sylvie. Mon grand-père s'appelle Jean. Ma grand-mère s'appelle Thérèse. Ma tante s'appelle Julie. Mon oncle s'appelle François. Ma cousine s'appelle Caroline. Mon cousin s'appelle Hugo.**

② *Je cherche mon sac, mes lunettes,* **mon stylo, mon portefeuille, ma carte de crédit, mes clés, mon portable.**

③ C'est fou ! Marie cherche toujours son sac, ses lunettes, son stylo, son portefeuille, sa carte de crédit, ses clés, son portable.

④ – *C'est votre sac ? – Oh oui, C'est mon sac. Merci ! – Je vous en prie !*
– C'est votre téléphone ? – Oh oui, C'est mon téléphone ! Merci ! – Je vous en prie !
– C'est votre veste ? – Oh oui, C'est ma veste ! Merci ! – Je vous en prie !
– C'est votre parapluie ? – Oh oui, C'est mon parapluie ! Merci ! – Je vous en prie !
– C'est votre stylo ? – Oh oui, C'est mon stylo. Merci ! – Je vous en prie !

Pour pratiquer « C'est », « Ce sont » et les possessifs (image p. 31 ex 3)

C'est mon sac. C'est mon portefeuille. Ce sont mes clés. Ce sont mes lunettes. C'est mon passeport. C'est mon portable. C'est mon stylo. C'est mon livre de grammaire.

Exercices – page 57

1 1. – Pardon, madame, combien coûte ce sac ? – Il coûte 60 €. – Et cette robe ? – Elle coûte 100 €. 2. – Pardon, madame, combien coûte ce pull ? – Il coûte 30 €. – Et cette veste ? – Elle coûte 120 €. 3. – Pardon, madame, combien coûtent ces chaussures ? – Elles coûtent 100 €. Et cet imperméable ? – Il coûte 130 €.

2 C'est la fête !
– Tu connais ce garçon en blanc ? – Bien sûr, c'est Paul Becker ! – Et **cette** jolie fille, qui est-ce ? – C'est Léa Blum. – Qu'est-ce que c'est, **cette** chanson ? – C'est « Tequila » ! – **Cet** appartement est génial ! – Goûte **ce** cocktail de fruits et **ces** petites pizzas !

3 1. – À qui est *ce sac* ? – C'est mon sac ! 2. – À qui est **ce pull** ? – C'est mon pull !
3. – À qui est **cette veste** ? – C'est ma veste ! 4. – À qui est **cet imper** ? – C'est mon imper !

4 – Qu'est-ce que vous faites le soir ? – **Le soir** en général, je regarde un film à la télévision. – **Ce soir** aussi ? – Non, **ce soir**, j'invite des amis à la maison.

Exercices – page 59

1 ② = deux.   ⑤ = cinq   ⑩ = dix.   ④ = quatre.   ⑥ = six.   ③ = trois.

2 1. *Un euro.* 2. **Deux euros.** 3. **Cinq euros.** 4. **Dix euros.** 5. **Cinquante euros.**

3 1. – Un croissant, *c'est combien* ? – *C'est un euro.* 2. – Une bière, **c'est combien** ? – **C'est trois euros.** 3. – Un ticket de bus, **c'est combien** ? – **C'est deux euros.** 4. – Un sandwich, **c'est combien** ? – **C'est cinq euros.** 5. – Un magazine, **c'est combien** ? – **C'est quatre euros.** 6. – Une baguette, **c'est combien** ? – **C'est un euro.**

4 1. *J'achète* un croissant. Je paye un euro. 2. **J'achète** un ticket de bus. **Je paye deux euros.** 3. **J'achète** un magazine. **Je paye quatre euros.** 4. **J'achète** un sandwich. **Je paye cinq euros.** 5. **J'achète** une baguette. **Je paye un euro.** 6. (image p. 57). **J'achète** un pull. **Je paye trente euros. J'achète une veste. Je paye cent vingt euros. J'achète des chaussures. Je paye cent euros.**

5 Deux croissants, *ça fait deux euros.* 2. Un sandwich et une bière, **ça fait huit euros.** 3. Un magazine et un croissant, **ça fait cinq euros.** 4. Dix tickets de bus, **ça fait vingt euros.** 5. Trois baguettes, **ça fait trois euros.**

Informations utiles

« *Combien ça coûte ?* » = prix d'un objet
Un pull, ça coûte 30 euros.

« *Combien ça fait ?* » = addition
30 plus 15, ça fait 45.

– Verbe « acheter » :
   J'achète.   Vous achetez.
   /ʒaʃt/   /vuz–aʃte/

– Verbes « payer » :
   Je paye.   Vous payez.
   /ʒəpɛj/   /vupeje/

Exercices – page 61

1 1. – *Quelle heure est-il à New York ? – Il est midi.* 2. – Quelle heure est-il à Paris ? – **Il est six heures.** 3. – Quelle heure est-il à Tokyo ? – **Il est trois heures.** 4. – Quelle heure est-il à Moscou ? – **Il est midi moins vingt /minuit moins vingt.** 5. – Quelle heure est-il à Sydney ? – **Il est midi vingt /minuit vingt**

2 1. – *À quelle heure ouvre le supermarché ? – Il ouvre à huit heures. – Et il ferme à quelle heure ? – Il ferme à vingt heures.* 2. – **À quelle heure ouvre la banque ? – Elle ouvre à neuf heures. – Et elle ferme à quelle heure ? – Elle ferme à dix-sept heures trente (cinq heures et demie).** 3. – **À quelle heure ouvre le musée ? – Il ouvre à dix heures. – Et il ferme à quelle heure ? – Il ferme à dix-sept heures quarante-cinq. (six heures moins le quart).**

3
- Quelle heure est-il ?
- Le cours commence à quelle heure ?
- Vous déjeunez à quelle heure ?
- Vous terminez à quelle heure ?
- Vous dînez à quelle heure ?

- Il est neuf heures moins vingt.
- Il commence à neuf heures.
- Je déjeune à treize heures.
- Je termine à seize heures.
- Je dîne à vingt heures.

Exercices – page 63

1 1. – Quel temps fait-il à Rio ? – *À Rio, il fait chaud. Il fait 40°* (il fait quarante degrés). 2. – Quel temps fait-il à Paris ? – **À Paris, il pleut. Il fait 11°** (il fait onze degrés). 3. – Quel temps fait-il à Oslo ? – **À Oslo, il neige. Il fait 0°** (il fait zéro degré). 4. – Quel temps fait-il à Madrid ? – **À Madrid, il fait beau. Il fait 25°** (il fait vingt-cinq degrés). 5. – Quel temps fait-il à Moscou ? – **À Moscou, il gèle. Il fait –15°** (il fait moins quinze degrés).

2 1. – Aujourd'hui en France, il fait beau ou il fait mauvais ? – *Aujourd'hui, en France, il fait mauvais.* 2. – En Février, au Brésil, il fait froid ou il fait chaud ? – **En février, au Brésil, il fait chaud.** 3. – En décembre, en Russie, il fait chaud ou il fait froid ? – **En décembre, en Russie, il fait froid.** 4. – En août, dans votre pays, il fait chaud ou il fait froid ? – **En août, dans mon pays, il fait chaud/il fait froid.**

3 1. – La Saint-Valentin est en février ou en juin ? – *La Saint-Valentin est en février* (le 14 février). 2. – La Fête de la Musique est en juin ou en juillet ? – **La fête de la musique est en juin** (le 21 juin). 3. – La Fête du Travail est en septembre ou en mai ? – **La Fête du Travail est en mai** (le 1er mai). 4. – La rentrée scolaire est en juillet ou en septembre ? – **La rentrée scolaire est en septembre** (le 1er septembre).

Informations utiles

Date = Le + numéro + mois :   *Le 3 mai*   *Le 5 juin*   *Le 10 juillet*

– On dit le « le premier », mais « le deux », « le trois », etc. :
   *Nous sommes **le premier** ou **le deux** ?*

④ Le temps en France

En France, il y a quatre saisons : *le* printemps, **l'**été, **l'**automne, et **l'**hiver. **En** hiver, il fait froid et parfois **il** neige. **Au** printemps, en général, **il fait** beau. En été, **il fait** chaud. **En** automne, **il** pleut souvent.

Exercices – page 65

① 1. – *Où est* la lampe ? – *Elle est sur* la table. **2.** – **Où est** le dossier ? – **Il est *dans*** le tiroir. **3.** – **Où est** la cuillère ? – **Elle est dans** la tasse. **4.** – **Où est** le pull ? – **Il est sur** la chaise. **5.** – **Où est** la balle ? – **Elle est sous** la table. **6.** – **Où** est la cuillère ? – **Elle est à côté de** la tasse. **7.** – **Où est** la chaussure ? – **Elle est sous** la chaise. **8.** – **Où est** le parapluie ? – **Il est à côté de** la porte.

② 1. – Le garçon est dans son lit ou sur le tapis ? – *Il est sur le tapis.* **2.** – Le chat est sur le lit ou sur la chaise ? – **Il est sur la chaise.** **3.** – La veste est sur la chaise ou dans l'armoire ? – **Elle est dans l'armoire.** **4.** – La balle est sous le bureau ou sous le lit ? – **Elle est sous le bureau.** **5.** – Le bureau est sous la fenêtre ou sous le tableau ? – **Il est sous la fenêtre.** **6.** – Le tableau est à côté de la porte ou à côté de la fenêtre ? – **Il est à côté de la porte.**

> **Pour pratiquer la position et les adjectifs (image p. 65 ex 2.)**
>
> – Le livre est dans le tiroir ou sur la table ? – Il est sur la table.
> – Il est ouvert ou fermé ? – Il est ouvert.
> – Le pantalon est sur le lit ou sur la chaise ? – Il est sur le lit.
> – Il est bleu ou vert ? – Il est bleu.
> – La valise est sur l'étagère ou sous le lit ? – Elle est sur l'étagère.
> – Elle est bleue ou verte ? – Elle est bleue.
> – Le miroir est sur le mur ou sur la porte de l'armoire ? – Il est sur la porte de l'armoire.
> – La porte de la chambre est ouverte ou fermée ? – Elle est fermée.
> – La poubelle est à côté de l'armoire ou à côté du bureau ? – Elle est à côté du bureau.
> – Elle est vide ou pleine ? – Elle est à moitié vide.

Exercices – page 67

① 1. Dans *la rue, il y a un restaurant.* **2.** Sur **la place, il y a une fontaine. 3.** Dans **le garage,** il y a une **voiture. 4.** Sur **le banc, il y a des gens.**

② 1. **Dans mon salon : il y a un canapé, il y a une table, il y a des chaises, il y a un fauteuil, il y a une télévision, il y a un téléphone, il y a des étagères, il y a des plantes vertes** (il y a des tableaux, il y a des lampes, il y a des rideaux).
2. **Dans ma chambre : il y a un lit, il y a une chaise, il y a des étagères, il y a un ordinateur,** (il y a un bureau, il y a une armoire, il y a un tapis, il y a un miroir).
3. **Dans ma cuisine, il y a une table, il y a des chaises, il y a une cuisinière, il y a un réfrigérateur*.**

* En français courant on dit aussi « frigo » (Il y a un frigo).

3 1. – *Qu'est-ce qu'il y a dans le portefeuille ?* – Dans le portefeuille, il y a des billets et une carte de crédit. **2. – Qu'est-ce qu'il y a dans la trousse ?** – Dans la trousse il y a des stylos et des crayons. **3.**– *Qu'est-ce qu'il y a sur la table ?* – Sur la table il y a un ordinateur et une tasse de café.

> **Pour pratiquer « Qu'est-ce qu'il y a » et les prépositions de lieu (image p. 65 ex 3)**
>
> – Qu'est-ce qu'il y a dans l'armoire ? – Dans l'armoire, il y a une valise et des vêtements.
> – Qu'est-ce qu'il y a sur le bureau ? – Sur le bureau il y a une lampe, un livre et un stylo.
> – Qu'est-ce qu'il y a sur le mur ? – Sur le mur, il y a des tableaux et des étagères.
> – Qu'est-ce qu'il y a sur le lit ? – Sur le lit, il y a un pantalon bleu.
> – Qu'est-ce qu'il y a à côté du bureau ? – À côté du bureau, il y a une poubelle.

Exercices – page 69

1 **Localisation**
– Vous habitez où ? – *J'habite à* Paris. – Vous êtes de Paris ? – Non, **je suis de** Toulon. – Toulon est près de Paris ? – Non, Toulon **est loin de** Paris, à 800 km environ. – Toulon est loin de la mer ? – Non, Toulon est **près de** la mer.

2 1. *À 8 h, M. Rolin est à la maison.* 2. À 10 h, il est **au bureau**. 3. À 13 h, il est **à la cantine**. 4. **À 15 h, il est à l'usine**. 5. À 23 h, il est à l'aéroport.

3 – *Quel est le prénom de la mère ?* – Teresa.   **– Quel est le prénom du père?** – Bernard.
– *Quel est l'âge du père ?* – 70 ans.   – **Quel est l'âge de la mère** – 64 ans.
– *Quelle est la profession de la mère ?*   – **Quelle est la profession du père** ?
– Avocate.   – Dentiste.

4 1. – *Qu'est-ce que vous avez comme entrée ?* – *Une quiche.* – *Une quiche à quoi ?* – *Une quiche au fromage.* 2. – *Qu'est-ce que* **vous avez comme** *plat* ? – **Une omelette**. – Une omelette à quoi ? – Une omelette aux champignons. 3. – Qu'est-ce que vous avez comme dessert ? – Une glace. – Une glace à quoi ? – Une glace au citron.

Exercices – page 71

1 1. *Je vais à l'université et après, je vais à la piscine.* 2. Je vais au bureau et après, je vais à la cantine. 3. Je vais au supermarché et après, je vais au cinéma. 4. Je vais à la banque et après, je vais au restaurant. 5. Je vais au marché et après, je vais au café. 6. Je vais à l'école et après, je vais à la maison.

2 1. *Je vais à la boulangerie* et j'achète des croissants. 2. **Je vais à l'université** et j'étudie le français. 3. **Je vais au restaurant**, et je mange un steak. 4. **Je vais au marché** et j'achète des fruits. 5. **Je vais à la piscine** et je nage. 6. **Je vais au cinéma** et je regarde un film.

3 1. À *huit heures, je vais à la piscine.* 2. À onze heures, je vais chez le dentiste. 3. À midi, je vais au supermarché. 4. À quatre heures (à seize heures), je vais chez le kiné. 5. À six heures (à dix-huit heures), je vais au cinéma. 6. À neuf heures (à vingt et une heure, je vais chez des amis.

4 1. – Vous allez au bureau à 8 heures ou à 9 heures ? – Je vais au bureau à 9 heures. (– J'y vais à 9 heures.)
2. – Vous allez au marché le samedi ou le dimanche ? – Je vais au marché le samedi. (– J'y vais le samedi.)
3. – Vous allez à la cantine à midi ou à 1 h ? – Je vais à la cantine à 1 heure. (– J'y vais à 1 heure.)
4. – Vous allez en vacances à la mer ou à la montagne ? – Je vais en vacances à la mer. (– J'y vais en juillet)
5. – Vous allez au cinéma à 18 h ou à 20 h ? – Je vais au cinéma à 20 h. (– J'y vais à 20 h.)

Informations utiles
« Y » remplace « à » + lieu :
– *Je vais à la piscine le lundi.* – *Moi, j'y vais le samedi.* (y = à la piscine)
– *Je vais au cinéma le vendredi soir.* – *Moi, j'y vais le samedi soir.* (y = au cinéma)

Exercices – page 73

1 1. – Vous *allez à la mer,* cet été ? – Non, je *vais à la campagne.* 2. – Léa **va à l'université**, cet après-midi ? – Non, **elle va à la piscine**. 3. – Vos collègues **vont au restaurant**, à midi ? – Non, **ils vont à la cantine**.

2 1. – *Vous allez où ?* – **Je vais à l'université.** – Comment ? – **En métro.**
2. – **Vous allez où ?** – **Je vais à la piscine.** – Comment ? – **En bus.**
3. – **Vous allez où ?** – **Je vais à l'aéroport.** – Comment ? – **En taxi.**
4. – **Vous allez où ?** – **Je vais au bureau.** – Comment ? – **À pied.**

3 1. – Vous *allez* à la mer, cet été ? – Oui, nous **allons** en Espagne ! – Vous **allez** à l'hôtel ? – Non, nous **allons** chez des amis. Les enfants **vont** en Italie. – Ils **vont** en Italie comment ? – En auto-stop !
2. – Vos amis vont à la mer cet été ? – Oui, *ils vont à la mer en Espagne.* – Ils vont à l'hôtel ? – Non, **ils vont chez des amis.** – Les enfants vont aussi en Espagne ? – Non, **ils vont en Italie en** auto-stop !

Exercices – page 75

1 Visitez : *la France,* **le Portugal, le Brésil, le Canada, les États-Unis, la Russie, le Japon, la Chine, l'Allemagne, la Grèce, la Suisse.**

Allez : *en France,* **au Portugal, au Brésil, au Canada, aux États-Unis, en Russie, au Japon, en Chine, en Allemagne, en Grèce, en Suisse.**

2 1. La tour Eiffel est *à* Paris, *en* France. **2.** La Petite Sirène **est** à Copenhague, **au** Danemark. **3**. L'Acropole est à Athènes, **en** Grèce. **4**. L'Empire State Building est à New York, **aux** États-Unis.

3 1. *Je m'appelle Pablo Lopez. Je suis Espagnol. Je suis né à Madrid, en Espagne, mais j'habite à Paris, en France. Pendant les vacances je vais à Lisbonne, au Portugal.*
2. Je m'appelle Alexa Brown. Je suis américaine. Je suis née à Chicago, aux États-Unis, mais j'habite à Rome, en Italie. Pendant les vacances je vais à Rio, au Brésil.

Je m'appelle Igor Bronsky. Je suis russe. Je suis né à Kiev, en Russie, mais j'habite à Berlin, en Allemagne. Pendant les vacances, je vais à Corfou, en Grèce.

Exercices – page 77

1 1. – *Vous aimez le sport ? – Oui, j'adore le sport ! – Qu'est-ce que vous faites comme sport ? – Je fais du tennis et du basket.* **2.** – **Vous aimez le sport ? – Oui, j'adore le sport ! – Qu'est-ce que vous faites comme sport ? – Je fais de la natation et du jogging. 3. – Vous aimez le sport ? – Oui, j'adore le sport ! – Qu'est-ce que vous faites comme sport ? – Je fais de la boxe et du football.**

2 1. Je *fais* la cuisine **2.** Tu **fais** le ménage. **3.** Il **fait** le lit. **4.** Nous **faisons** la vaisselle. **5.** Vous **faites** les courses. **6.** Elles **font** du bricolage.

3 **Enquête sur les loisirs**
– Qu'est-ce que vous *faites* le week-end ? – Le samedi matin je **fais** du jogging au jardin botanique. Mon mari **fait** du tennis avec un ami et les enfants **font** du vélo. Le samedi après-midi, je **fais** du bricolage. J'adore ça. Le dimanche, nous **faisons** les courses au marché. Quand il **fait** beau, nous **faisons** une promenade à la campagne.

Exercices – page 79

1 **Dormir**
– *Vous dormez beaucoup?* – Oui, je **dors** beaucoup. – Vous **dormez** en pyjama ?
– Non, **je dors** en tee-shirt. – Vous **dormez** dans un grand lit ? – Oui, **je dors** dans un grand lit.

1. – Léa dort beaucoup ? – *Oui, elle dort beaucoup.* **2.** – Elle dort en pyjama ?
– **Non, elle dort en tee-shirt. 3**. – Elle dort dans un grand lit ? – **Oui, elle dort dans un grand lit.**

2 **Partir**
– Vous *partez* en juillet ou en août ? – Je **pars** en août. – Vous partez seul ? – Non, je **pars** avec ma famille. – Vous **partez** en train ou en avion ? – Je **pars** en avion. (Je pars en voiture ! Je pars en caravane !)

1. – Monsieur Duval part en vacances en juillet ? – **Non, il part en vacances en août. 2.** – Il part seul ? – **Non, il part avec sa famille. 3.** – Il part en train ? – **Non, il part en avion.** (Il part en voiture. Il part en caravane.)

3 **Sortir**

– Vous *sortez* du bureau à quelle heure ? – Le lundi, le mardi et le jeudi, je **sors** à 18 h. Le mercredi et le vendredi, je **sors** à 16 h. – Le matin vous **sortez** de la maison à quelle heure ? – Je **sors** à 7 h 15.

1. – La secrétaire sort à quelle heure du bureau, le lundi ? – **Elle sort à 18 h.**
2. – Elle sort à quelle heure le mercredi et le vendredi ? – **Elle sort à 16 h.**
3. – Elle sort de la maison à quelle heure, le matin ? – **Elle sort à 7 h 15.**

Exercices – page 81

1 1. – Vous *attendez* le bus ? – Non, j'**attends** un taxi. 2. – **Vous descendez** à pied ? – Non, je **descends** en ascenseur. 3. – Vous **répondez** à vos courriers par SMS ? – Non, je **réponds** à mes courriers par mail. 4. – Vous **vendez** des vêtements ? – Non, je **vends** des chaussures.

2 1. Nous attend**ons** l'arrivée de train. 2. Olga vend son ordinateur. 3. Je desc**ends** à la cave. 4. Ils atten**dent** le bus. 5. Je per**ds** souvent mes clés. 6. L'ascenseur monte ou il desc**end** ? 7. Les étudiants répon**dent** aux questions. 8. Tu desc**ends** à pied ?

3 **À l'arrêt du bus**

– Pardon, madame, vous *attendez* le bus depuis longtemps ? – J'**attends** depuis un quart d'heure. Et vous ? – J'**attends** depuis dix minutes. – Vous **attendez** le 16 ? – Non, j'**attends** le 40.

1. – Madame Martel attend depuis combien de temps ? – **Elle attend depuis un quart d'heure.** 2. – Monsieur Duval attend depuis combien de temps ? – **Il attend depuis dix minutes.** 3. – Monsieur Duval attend quel bus : le 16 ou le 40 ? – **Il attend le 40.**

Exercices – page 83

1 1. – Pour aller au bureau, vous prenez le métro ? – *Oui, pour aller au bureau, je prends le métro.* 2. – Pour aller à la piscine, vous prenez le bus ? – **Oui, pour aller à la piscine, je prends le bus.** 3. – Pour aller en Angleterre, vous prenez l'Eurostar ? – **Oui, pour aller en Angleterre, je prends l'Eurostar.** 4. – Pour aller aux États-Unis, vous prenez l'avion ? – **Oui, pour aller aux États-Unis, je prends l'avion.**

2 **Langues étrangères**

J'*apprends* le français dans une école de langue. Je parle un peu, mais je ne **comprends** pas très bien le français dans la rue. Mes enfants **apprennent** le chinois à l'école. Ils **comprennent** presque tout quand ils regardent des films chinois à la télévision. Les enfants **apprennent** les langues très facilement.

3 **Au restaurant, en famille**

– Bonjour, madame, bonjour, monsieur. Qu'est-ce que vous *prenez* ? – Je **prends** un steak-frites, et toi Anna, qu'est-ce que tu **prends** ? – Je **prends** une salade. – Et les enfants qu'est-ce qu'ils **prennent** ? – Ils **prennent** une pizza. – Et comme boisson qu'est-ce que vous **prenez** ? – Je **prends** un verre de vin. Toi aussi, Anna ? – Non, les enfants et moi, nous **prenons** une bouteille d'eau minérale.

1. – Qu'est-ce que monsieur Dupont prend pour déjeuner ? – **Il prend un steak-frites.**
2. – Est-ce que madame Dupont prend aussi un steak-frites ? – **Non, elle prend une salade.**
3. – Est-ce que les enfants prennent une salade ? – **Non, ils prennent une pizza.**

Exercices – page 85

1
1. – *Vous aimez le fromage ? – Oui, j'aime le fromage et je mange du fromage à tous les repas.*
2. – **Vous aimez la salade ? – Oui, j'aime la salade et je mange de la salade à tous les repas.**
3. – **Vous aimez le pain ? – Oui, j'aime le pain et je mange du pain à tous les repas.**
4. – **Vous aimez les fruits ? – Oui, j'aime les fruits et je mange des fruits à tous les repas.**

2
Le petit déjeuner de Max
– Qu'est-ce que vous buvez le matin, Max ? – Je bois **du** thé. – Avec **du** lait ou **du** citron ? – Avec **du** lait. – Qu'est-ce que vous mangez ? – Je mange **du** pain avec **du** beurre et **de la** confiture ou **des** céréales. – Vous mangez **des** fruits ? – Oui, je mange **des** fruits à tous les repas. J'adore **les** fruits.

1. – Le matin vous buvez du thé ou du café, Max ? – **Je bois du thé avec du lait.**
2. – Vous mangez du pain ou des céréales ? – **Je mange du pain avec du beurre et de la confiture ou des céréales. 3.** – Est-ce que vous mangez des fruits ? – **Oui, je mange des fruits** à tous les repas. (– Oui, j'en* mange à tous les repas.)

Informations utiles
« En » remplace « de » + nom :
– Je mange de la salade.   – J'**en** mange à midi.   (en = de la salade)
– Je bois du lait.   – J'**en** bois le matin.   (en = du lait)

---

3 Qu'est-ce que vous mangez le matin, à midi, le soir ?

> Le matin, je mange des céréales avec du lait et du sucre et je bois du café au lait.
> À midi, je mange un steak avec de la salade et je bois du vin.
> Le soir, je mange des pâtes ou de la soupe et je bois de l'eau.

Exercices – page 87

1
1. *Achète du lait. Un litre de lait.* **2. Achète du vin. Une bouteille de vin. 3. Achète de l'eau. Six bouteilles d'eau. 4. Achète de la confiture. Un pot de confiture. 5. Achète du beurre. 250 grammes de beurre. 6. Achète du fromage. Un morceau de fromage. 7. Achète de l'huile. Un litre d'huile. 8. Achète des pâtes. Deux paquets de pâtes.**

2
1. *Je voudrais un paquet de sucre.* **2. Je voudrais un verre d'eau. 3. Je voudrais un morceau de fromage. 4. Je voudrais une boîte de thon. 5. Je voudrais 3 tranches de jambon.**

3
1. un verre *d'eau*. 2. un paquet **de pâtes** 3. une tasse **de lait** 4. une bouteille **d'eau** 5. un morceau **de pain** 6. une tranche **de fromage** 7. un kilo **de sucre** 8. beaucoup **de fruits** 9. un peu **de confiture**

4 Dans la maison :
Il y a du beurre. **Il y a du vin. Il y a des pâtes.** *Il n'y a pas de lait.* **Il n'y a pas de fromage. Il n'y a pas d'eau. Il n'y a pas de pain. Il n'y a pas de légumes.**

Exercices – page 89

1 1. *Je veux manger une pizza !* 2. **Je veux boire** une bière. 3. **Je veux dormir**. J'ai sommeil. 4. **Je veux regarder** la télévision. 5. **Je veux aller** au cinéma. 6. **Je veux jouer** à mon jeu vidéo.

2 Mon mari *veut aller à la montagne*. Les enfants **veulent aller à la mer**. Ma sœur **veut aller à la campagne**. Et moi, je **veux aller dans le désert**.

3 1. Il fait froid et je suis fatigué. *Je ne veux pas* sortir. 2. Nous voulons rester ici, nous **ne voulons pas** partir. 3. Les enfants veulent jouer, **ils ne veulent pas** dormir. 4. Léa fait un régime, elle **ne veut pas** grossir.

4 1. – *Je voudrais un café.* – **Vous voulez du sucre ?** – *Oui, merci/ Non, merci.*
2. – **Je voudrais un thé.** – **Vous voulez du lait ?** – **Oui, merci/ Non, merci.**
3. – **Je voudrais un coca.** – **Vous voulez des glaçons ?** – **Oui, merci/ Non, merci.**

Exercices – page 91

1 1. – Est-ce que vous pouvez prendre des photos avec votre téléphone ? – *Oui, je peux prendre des photos.* 2. – Est-ce que vous pouvez envoyer des messages ? – **Oui, je peux envoyer des messages.** 3. – Est-ce que vous pouvez faire des vidéos ? – **Oui, je peux faire des vidéos.** 4. – Est-ce que vous pouvez prendre des notes ? – **Oui, je peux prendre des notes.** 5. Est-ce que vous pouvez enregistrer des dialogues ? – **Oui, je peux enregistrer des dialogues.**

2 1. Il fait très chaud : est-ce que *je peux* ouvrir la fenêtre ? – 2. Je ne comprends pas, est-ce que vous **pouvez** répéter, s'il vous plaît ? – 3. Nous avons faim : est-ce que nous **pouvons** manger tout de suite ? – 4. Les étudiants sont fatigués : est-ce qu'ils **peuvent** faire une pause ? – 5. J'ai froid : est-ce que je **peux** fermer la fenêtre ?

3 1. – Vous restez avec nous ? – Non, j'ai un rendez-vous, *je ne peux pas rester.*
2. – Vous sortez ce soir ? – Non, j'ai du travail, **je ne peux pas sortir.**
3. – Vous partez demain ? – Non, il y a la grève des trains, **je ne peux pas partir.**
4. – Vous venez mardi ? – Non, j'ai une réunion, **je ne peux pas venir.**
5. – Vous dormez bien, à l'hôtel ? – Non, il y a du bruit, **je ne peux pas dormir.**

4 1. *Mademoiselle ! Est-ce que je peux avoir un verre d'eau, s'il vous* plaît ?
2. *Mademoiselle*, est-ce **que je peux avoir la carte** (le menu), **s'il vous plaît** ?
3. Mademoiselle ! **Est-ce que je peux avoir une serviette, s'il vous plaît** ?
4. Mademoiselle ! **Est-ce que je peux avoir l'addition, s'il vous plaît** ?

Exercices – page 93

1 **Avant le départ**
– Vous êtes prêt pour le départ ? – Non, je *dois* retirer de l'argent à la banque, puis je **dois** réserver un taxi. – Vous **devez** être à l'aéroport à quelle heure ? – L'avion part à 9 h. Je **dois** enregistrer mes bagages à 7 h. – Alors, **vous devez partir** tôt. – Oui, je **dois partir** à 5 heures et demie.

Avant de partir, monsieur Durant *doit faire* sa valise et il **doit retirer** de l'argent. Ensuite il **doit réserver** un taxi. Il **doit être** à l'aéroport à 7 h 30 pour enregistrer ses bagages. Il **doit partir** de la maison à 5 heures et demie, en taxi.

2 **Qu'est-ce que vous devez faire, avant de partir en vacances ?**

Avant de partir en voyage, je dois réserver mon billet d'avion et ma chambre d'hôtel. Je dois faire ma valise. (Je dois choisir des vêtements en fonction du climat). Je dois prendre mon passeport. Je dois appeler un taxi.

3 1. L'ascenseur est en panne, je *dois monter* à pied. – 2. Max a mal aux dents, il **doit aller** chez le dentiste. – 3. Vous partez demain. Vous **devez faire** votre valise. – 4. Anne a mal à la tête. Elle **doit prendre** une aspirine. – 5. Au mois de mai, chaque année, nous **devons déclarer** nos impôts. – 6. Deux heures avant le vol, les passagers **doivent enregistrer** leurs bagages.

4 1. – *Je vais au cinéma cet après-midi, tu viens avec moi ? – Je voudrais bien mais je ne peux pas : je dois aller chez le dentiste.*
2. – **Je vais à la piscine cet après-midi, tu viens avec moi ? – Je voudrais bien, mais je ne peux pas : je dois aller chez des amis.**
3. – **Je vais à la plage cet après-midi, tu viens avec moi ? – Je voudrais bien, mais je ne peux pas : je dois aller chez ma tante.**

Exercices – page 95

1 1. En général, je commence à 8h. *Demain, je vais commencer à 9 heures.*
2. En général, je mange à la cantine. **Demain, je vais manger au restaurant.**
3. En général, je travaille à Paris. **Demain, je vais travailler à Versailles.**
4. D'habitude, je déjeune avec Léa. **Demain, je vais déjeuner avec Paul.**
5. D'habitude, je dîne à 20h. **Demain, je vais dîner à 21 h.**

2 Demain.
1. – Est-ce qu'il va faire beau demain ? – **Oui, demain, il va faire très beau.**
2. – Qu'est-ce que Marlène va faire ? – **Elle va aller à la plage, elle va faire des courses et après elle va aller chez le coiffeur. Le soir, elle va aller dîner chez des amis.**
3.– Qu'est-ce que Georges va faire ? – **Il va faire du tennis avec Charles, il va visiter la région en voiture et le soir il va aller au concert.**

– Qu'est-ce que vous allez faire demain ?
– Le matin, je vais aller à l'école et je vais étudier le français. À midi, je vais déjeuner à la cantine. L'après-midi, je vais faire des courses et je vais aller à la piscine. Le soir, je vais dîner à la maison et je vais regarder la télévision.

3   1. Je *vais aller* à la plage. 2. Je **vais écouter** un concerto. 3. Nous **allons faire** du tennis. 4. Ils **vont dîner** au restaurant. 5. Vous **allez étudier** le français.

Exercices – page 96

1   1. Anna *va partir* en vacances. 2. Elle **va faire** sa valise. 3. Elle **va appeler** un taxi. 4. Elle **va aller** à l'aéroport. 5. Elle **va enregistrer** ses bagages.

2   1. Attention, *vous allez tomber* ! 2. Chut ! Le film **va commencer**. 3. Il est 19 h 55, le magasin **va fermer**. 4. Attachez vos ceintures, l'avion **va décoller**. 5. Demain, il **va faire beau**. 6. Mardi, il **va pleuvoir**.

3   **Un grand voyageur**

Aujourd'hui,	L'année prochaine,
il habite à Rome,	*il va habiter à Tokyo*,
il travaille pour ABI,	**il va travailler** pour IBO,
il parle italien,	**il va parler** japonais
il mange des pâtes,	**il va manger** des sushis
il dort à l'hôtel Raphaël.	**il va dormir** à l'hôtel Suzuki

4   L'année prochaine, il va habiter en France, à Paris. Il va travailler pour BIA. Il va parler français. Il va manger des huitres et du foie gras. Il va boire du vin rouge et du champagne. Il va dormir à l'hôtel Saint-Martin.

L'année prochaine, il va habiter en Belgique, à Bruxelles. Il va travailler pour IAB. Il va parler français. Il va manger du waterzoï et du chocolat. Il va boire de la bière. Il va dormir au Grand Hôtel.

Exercices – page 97

1   1. Je *vais aller* à la plage. 2. Tu **vas** manger au restaurant 3. Elle **va** visiter un musée. 4. Nous **allons** regarder la télé. 5. Vous **allez** faire du tennis. 6. Ils **vont** boire une bière. 7. Vous **allez** partir en voiture. 8. Nous **allons** faire les courses. 9. Ils **vont** aller à l'aéroport. 10. Vous **allez** dîner au restaurant.

2   Il *va pleuvoir*. Elle **va partir** en voyage. Elle **va prendre** un taxi. Le chauffeur **va mettre** la valise dans le coffre. Elle **va payer** 50 euros. L'avion **va décoller** à 11 heures.

3   1. Elle *va appeler un taxi et elle va aller à l'aéroport.*
2. **Il va prendre le métro et il va aller au bureau.**
3. Tu **vas téléphoner au médecin et tu vas prendre rendez-vous**.
4. Nous **allons louer un appartement et nous allons déménager**.
5. Ils **vont faire une pause et ils vont boire un café**.

Exercices – page 99

1 **Chez Lili**

– Vous déjeunez où en général ? – En général, je déjeune « chez Mario », mais hier, *j'ai déjeuné* dans un nouveau restaurant, à côté du bureau. – Un nouveau restaurant ? Comment il s'appelle ? – « Chez Lili ». Ce n'est pas très cher et c'est très bon : d'habitude, pour une pizza et un café, je paye 15 euros. Hier, pour un plat, un dessert, et un café, **j'ai payé** 13 euros ! – Qu'est-ce que vous avez mangé ? – **J'ai mangé** un poisson grillé et une tarte aux pommes. La patronne, Lili, est très sympathique. Elle est très jolie...

– En général, Max déjeune où ? – En général, *Max déjeune chez Mario.*
– Et hier ? – Hier, **il a déjeuné chez Lili.**
– D'habitude, qu'est-ce qu'il mange ? – D'habitude, **il mange une pizza.**
– Et hier ? – Hier, **il a mangé du poisson grillé et une tarte aux pommes.**
– D'habitude, il paye combien ? – D'habitude, **il paye 15 euros.**
– Et hier ? – Hier, **il a payé 13 euros.**

2 1. En général, je termine mon travail à 18 h, *mais hier, j'ai terminé* à 19 h.
2. D'habitude, je dîne à 20 h, **mais hier, j'ai dîné** à 21 h.
3. En général, je mange à la maison le soir, **mais hier, j'ai mangé** au restaurant.
4. D'habitude, je travaille à Paris, **mais hier, j'ai travaillé** à Versailles.
5. D'habitude, je dîne seul, **mais hier, j'ai dîné** avec Max.

3 1. *Ils ont mangé au restaurant.* 2. Elle **a téléphoné** à sa mère. 3. Ils **ont regardé** la télé. 4. Vous **avez joué** au tennis. 5. Nous **avons étudié** le français.

Exercices – page 101

1 1. D'habitude, j'arrive au bureau à 8h. Hier, *je suis arrivé* à 9 h. 2. D'habitude, je pars à 19 h. Hier, **je suis parti** à 20 h. 3. D'habitude, je viens en métro. Hier, **je suis venu** en bus. 4. D'habitude, je monte en ascenseur. Hier, **je suis monté** à pied. 5. D'habitude, à midi, je mange à la cantine. Hier, **j'ai mangé** au restaurant. 6. D'habitude, le soir, je vais au gymnase. Hier, **je suis allé** à la piscine.

2 1. – *Vous êtes arrivé au bureau à quelle heure, hier ? – Je suis arrivé à 8 h.*
 – *Et vous êtes parti à quelle heure ? – Je suis parti à 17 h.*
2. – Vous êtes arrivé **à l'université** à quelle heure, hier ? – **Je suis arrivé à 10 h.**
 – **Et vous êtes parti à quelle heure ? – Je suis parti à 15 h.**
3. – Vous êtes arrivée **à la piscine** à quelle heure, hier ? – **Je suis arrivée à 18 h.**
 – **Et vous êtes partie à quelle heure ? – Je suis partie à 20 h.**

3 **Avignon-Paris**

– Bonjour Léa ! *Vous êtes arrivée* quand ? – Je suis arrivée hier. – Vous **êtes venue** en voiture. ? – Non, je suis venue en train. C'est plus rapide. – Vous **êtes partie** de Marseille ? – Non, je suis partie d'Avignon. Je suis allée voir ma sœur... et son bébé ! – Le bébé **est né** ! – Oui, il est né le 5 mars, il s'appelle Léon.

1. – Léa est venue à Paris en voiture ou en train ? – **Elle est venue à Paris en train.**
2. – Elle est arrivée à quelle heure, hier ? – **Elle est arrivée à 10 h 50.**
3. – Elle est partie de Marseille ou d'Avignon ? – **Elle est partie d'Avignon.**
4. – Léon est né quel jour ? – Il **est né le 5 juillet.**

Exercices – page 103

1
1. – J'ai dormi jusqu'à 7 h. Et vous ? – J'ai dormi jusqu'à 9 h.
2. – J'ai bu un thé, et vous ? – **J'ai bu deux cafés.**
3. – J'ai mis un tee-shirt bleu, et vous ? – **J'ai mis un tee-shirt rouge.**
4. – J'ai pris le bus, et vous ? – **J'ai pris le métro.**
5. – J'ai attendu 10 minutes à la station, et vous ? – **J'ai attendu 5 minutes.**
6. – J'ai lu un magazine et vous ? – **J'ai lu un journal.** (J'ai lu le journal)

2
1. D'habitude, je bois une tasse de café le matin. Ce matin, *j'ai bu une tasse de thé.*
2. D'habitude, je dors jusqu'à 8 h. Ce matin, **j'ai dormi jusqu'à midi.**
3. D'habitude je prends le métro pour aller au bureau. Ce matin, **j'ai pris le bus.**
4. D'habitude, j'attends 5 minutes à la station. Ce matin, **j'ai attendu 20 minutes.**
5. D'habitude, je lis un roman policier avant de dormir. Hier soir, **j'ai lu un magazine.**

Exercices – page 105

1
– Tu viens avec nous au cirque ? – C'est *quand* ? – Le 12 novembre. – Ça se passe **où** ? – Sur le Vieux-Port. – **Combien** ça coûte ? – 50 €. – Vous allez là-bas **comment** ? – En bus.

2
1. – *Vous partez en vacances quand ? – Le 10 octobre. – Vous allez où ? – À Marrakech. – Vous partez comment ? – En avion. – Ça coûte combien ? – 300 €. – Vous restez combien de temps ? – Une semaine.*

2. – **Vous partez en vacances quand ? – Le 2 février. – Vous allez où ? – À Rio. – Vous partez comment ? – En avion. – Ça coûte combien ? – 600 €. – Vous restez combien de temps ? – Un mois**

3. – **Vous partez en vacances quand ? – Le 20 juin. – Vous allez où ? – À Londres. – Vous partez comment ? – En train. – Ça coûte combien ? – 120 €. – Vous restez combien de temps ? – Quatre jours.**

3
1. – *Quel* est votre nom ? – Je m'appelle Max Ravel.
2. – **Quelle** est votre adresse ? – J'habite 5, rue Jules Ferry.
3. – **Quelle** est votre nationalité ? – Je suis français.
4. – **Quels** sont vos plats préférés ? – Le tajine de poisson et la tarte Tatin.
5. – **Quelles** sont vos activités préférées ? – La lecture, le cinéma.

Pour pratiquer « Quel(s)/ quelle(s) ». Imaginez des dialogues.

– Quelles sont vos couleurs préférées ? – Le bleu et le blanc.
– Quel est votre jour préféré ? – Le dimanche.
– Quelle est votre saison préférée ? – Le printemps.
– Quelles sont vos fleurs préférées ? – Les roses et les marguerites.
– Quels sont vos fruits préférés ? – Les pêches et les raisins.
– Quel est votre acteur préféré ? – Tom Hanks.
– Quelle est votre chanteuse préférée ? – Nina Simone.
– Quelles sont vos séries préférées ? – *Breaking Bad, House of Cards.*

Pour pratiquer « Où », « Quand », « Comment », « Pourquoi », « Combien ». (p. 101, ex 3)

– Léa est arrivée à Paris quand ? — Elle est arrivée le 20 mars.
– Elle est venue comment ? — Elle est venue en train.
– Elle est partie à quelle heure ? — Elle est partie à 8h40.
– Elle est arrivée à quelle heure ? — Elle est arrivée à 10 h 50.
– Elle a payé combien ? — Elle a payé 104 euros.
– Elle a payé très cher ! Pourquoi ? — Parce que c'est une période de pointe.
– Elle est partie d'où ? — Elle est partie d'Avignon
– Pourquoi est-ce qu'elle* est allée à Avignon? — Parce qu'elle est allée voir sa sœur et son bébé.
– Comment s'appelle le bébé ? — Il s'appelle Léon.
– Il est né quand ? — Il est né le 5 mars.

Informations utiles

Question sur la cause : Réponse
« Pourquoi ? » « Parce que ».

– *Pourquoi est-ce que* vous partez ?* — *Parce que j'ai un rendez-vous.*
– *Pourquoi est-ce que l'école est fermée ?* — *Parce que c'est dimanche.*
– *Pourquoi est-ce que le bébé pleure ?* — *Parce qu'il a faim.*

*« Est-ce que » permet d'éviter l'inversion du verbe et du sujet :
– Pourquoi partez-vous ?   – Pourquoi est-ce que vous partez ?

Annexes – Exercices – page 106

1 1. **Je** suis américain. – 2. **J'**habite à Paris. – 3. **Je** parle anglais. 4. **J'**étudie le français. – 5. **Je** travaille le samedi. – 6. **J'**aime le foot.

2 1. Je **ne** parle pas chinois. 2. Tu **n'**as pas faim ? 3. Il **n'**aime pas la bière. – 4. Elle **n'**habite pas ici. 5. Il **ne** pleut pas. – 6. Il **n'**a pas d'enfants.

3 1. J'étudie **le** français à l'université. 2. **Le** restaurant est à côté de l'hôtel. 3. L'avion arrive à l'aéroport à 5 h.

4 1. Max est **de** Lyon. – 2. Anna est **d'**Oslo. 3. Achète une bouteille **de** vin. – 4. Où est le sac **de** Léo ? 5. J'habite près **d'**Aix. – 6. C'est le livre **d'**Olga.

Annexes – Exercices – page 107

1 1. Nous‿avons des‿amis en‿Australie. 2. Les‿enfants aiment les‿animaux.
3. Mon‿ordinateur est récent. 4. Un‿homme entre dans‿un‿hôtel.
6. J'attends des‿amis anglais. 6. Vous‿avez un‿examen en juin ?
7. Nous‿habitons dans‿une petite rue. 8. En‿août, il fait très chaud.
9. Mon‿appartement est très petit. 10. Les‿enfants sont‿en vacances en‿août.

2 1. Dix euros. – **2.** Six étudiants. – **3.** Trois amis – **4.** Huit heures. – **5.** Un enfant – **6.** Six hommes.
/diz–øro/   / siz–etydjã /   /trwaz–ami/ /ɥit–œr/   /ɛ̃n– ɑ̃fɑ̃/   /siz– ɔm/

Test n° 1 – page 113

1
1. – Je suis professeur. Et vous ? – **Je suis** étudiant.
2. – **Vous êtes** anglais ou américain ? – Je suis anglais.
3. – Paul est de Paris ? – Non, **il est de** Marseille.
4. – Vous êtes fatigué ? – Non, **je ne suis** pas fatigué.
5. – Vous habitez où ? – **J'habite** à Bruxelles.
6. – Vous parlez anglais ? – Oui, **je parle** un peu anglais.
7. – Quelle est la profession de Marc ? – **Il est** journaliste.
8. Jules est français, mais sa femme n'est pas **française**.
9. Monsieur et madame Picard **sont** sympathiques.
10. Bonjour, monsieur, je **voudrais** un ticket, s'il vous plaît.
11. Jack est très beau. Sa sœur est aussi très **belle**.
12. Pardon, madame, je cherche **l'hôtel** Luxor.
13.– Qui est-ce ? – **C'est** mon cousin Antoine.
14. – Qu'est-ce que c'est ? – **C'est** un ticket de métro.
15. – Vous travaillez où ? – Je **travaille** dans une banque.
16. – Vous étudiez le français ou l'anglais ? – **J'étudi**e le français.
17. – Qu'est-ce que vous regardez ? – **Je regarde** un film.
18. – Qu'est-ce que vous écoutez ? – **J'écoute** un disque.
19. – Qu'est-ce que vous mangez ? – **Je mange** un sandwich.
20. – Vous avez 20 sur 20 en français ? Bravo, c'est **bien** !

2 Charlie

– **Qui** est-ce ?
– **C'est** mon frère.
– **Comment** il s'appelle ?
– **Il s'appelle** Charlie.
– Quel âge il a ?
– **Il a** 10 ans.

4 Émilie

– Qui est-ce ?
– C'est ma sœur.
– **Comment** elle s'appelle ?
– Elle s'appelle Émilie.
– Quel âge elle a ?
– Elle a 6 ans.

3 Concerto

– **Qu'est-ce que** vous écoutez ?
– **J'écoute** un concerto.
– C'est beau !
– Oui. **C'est** très beau.
J'aime beaucoup la musique. Et vous ?
– **Moi** aussi !

5 Film japonais

– Qu'est-ce que vous regardez ?
– Je regarde un film japonais.
– C'est beau !
– Oui. C'est très beau.
J'aime beaucoup le cinéma. Et vous ?
– Moi aussi !

Test n° 2 – page 114

1
1. Mes enfants aiment les fruits, mais ils **n'aiment** pas les légumes.
2. Je prends une aspirine, quand **j'ai mal** à la tête.
3. – **Combien** coûte ce pull ? – Il coûte 30 euros.
4. À Moscou, en hiver, **il fait** très froid.
5. **Sur** la place, il y a une grande fontaine.
6. Je **prends** le bus tous les matins pour aller au bureau.
7. Pour les vacances, nous allons **au** Brésil. Et vous ?
8. – **Quelle** heure est-il ? – Il est midi. J'ai faim !
9. – **Qu'est-ce que** vous faites ce soir ? – Je vais au cinéma.
10. Dans le parking, **il y** a beaucoup de voitures.
11. – Vous prenez **du** sucre avec votre café ? – Non, merci.
12. – Est-ce que vous **faites** du sport ? – Non, je déteste le sport.
13. – Vous apprenez le français ? – Oui, **j'apprends** le français à l'école.
14. Mademoiselle ! Une bouteille **d'eau**, s'il vous plaît.
15. – Vous dormez beaucoup, la nuit ? – Je **dors** environ 7 heures.
16. Demain, il **va faire** très chaud.
17. La semaine prochaine, je **vais aller** chez le coiffeur.
18. Hier soir, nous **avons mangé** une pizza au restaurant.
19. Dimanche dernier, je **suis allé/ allée** à la plage.
20. Vous **êtes allée** au marché, hier matin, madame Duval ?

2 Repas (du matin)

– **Qu'est-ce que** vous mangez, le matin ?
– **En** général, je **mange** des céréales.
  J'aime beaucoup les céréales
– Et qu'est-ce que vous **buvez** ?
– En général, je bois **du** thé.

4 Repas (du soir)

– Qu'est-ce que vous mangez, le soir ?
– En général, je mange une soupe.
  J'aime beaucoup la soupe (les soupes).
– Et qu'est-ce que vous buvez ?
– En général, je bois de l'eau.

3 Travail (1)

– Vous **travaillez** où ?
– Je travaille **dans** une banque.
– Vous allez au travail **en** voiture ?
– Non, je **vais** au travail à pied.
  J'habite près de mon travail.

5 Travail (2)

– **Vous travaillez où ?**
– **Je travaille dans un restaurant.**
– **Vous allez au travail en voiture ?**
– **Non, je vais au travail en métro.**
  J'habite loin de mon travail.

Test n° 3 – page 115

1. Le voyage de Lola, 13 ans.

Lola : La semaine dernière, je **suis allée** à Paris, chez ma tante !
Marie : Tu **as pris** le train seule ?
Lola : Oui. Je **suis partie** d'Avignon, à midi. **J'ai mangé** un sandwich dans le train et je **suis arrivée** à Paris à deux heures et demie.
Ma tante **est venue** me chercher à la gare de Lyon.
Marie : Tu **es restée** à Paris combien de temps ?
Lola : Quatre jours.
Marie : Seulement quatre jours ?
Lola : Oui, mais le premier jour, je **suis montée** sur la tour Eiffel, le deuxième jour, **j'ai visité** Paris en bateau-mouche, le troisième jour, **j'ai vu** un film en 3D au cinéma « Le Grand Rex », avec mon cousin, puis le soir, nous **avons mangé** au restaurant.
Marie : Et le quatrième jour, qu'est-ce que vous **avez fait** ?
Lola : Nous **sommes allés** à Disneyland !
Marie : Toute la journée ?
Lola : Oui, nous **sommes arrivés** le matin à 10 heures et nous **sommes rentrés** à Paris à minuit !
Marie : C'est génial !

2.

1. – Lola est allée à Paris ou à Londres ? – **Elle est allée à Paris.**
2. – Elle est allée à l'hôtel ou chez sa tante ? – **Elle est allée chez sa tante.**
3. – Elle est partie de Marseille ou d'Avignon ? – **Elle est partie d'Avignon.**
4. – Elle est partie en train ou en avion ? – **Elle est partie en train.**
5. – Qu'est-ce qu'elle a mangé, dans le train ? – **Elle a mangé un sandwich.**
6. – Elle est arrivée à Paris à quelle heure ? – **Elle est arrivée à deux heures et demie.**
7. – Lola est restée combien de jours à Paris ? – **Elle est restée quatre jours à Paris.**
8. – Qu'est-ce qu'elle a fait le premier jour ? – **Elle est montée sur la tour Eiffel.**
9. – Qu'est-ce qu'elle a fait le dernier jour ? – **Elle est allée à Disneyland.**
10. – Elle est rentrée à Paris à quelle heure ? – **Elle est rentrée à Paris à minuit.**

3.

La semaine prochaine, Marie va aller à Londres. Elle va partir en Eurostar. Elle va aller à l'hôtel « Soho ». Elle va visiter le Bristish Museum. Elle va monter sur le London Eye. Elle va faire des courses dans les magasins. Elle va voir un film à l'Electric Cinema. Elle va rester trois jours.